꽃의 실험

텃밭시선

꽃의 실험

김정화 시집

그루

시인의 말

꽃말로 바람에게 물었다.
숨었다 나타나는 텅 빈 말
서툰 가슴이 설렌다.
해와 달과 별이 속삭이고
숲속 창가에서 날려 보낸다.
멈출 수 없는 줄 알지만
한 칸 두 칸, 그 속에서 나방이 되리라.
아니, 다시 날아오를 나비를 꿈꾸리라.

2022년 여름
김정화

차례

시인의 말   5

제1부 꽃의 실험

낳다	12
꽃의 실험	14
맞춤	16
낫	18
늦잠	20
천불산 바람	21
깨꽃	22
그 사람	23
겨울 기스락	24
동백	26
빈	27
동맥	28
칼	30

제2부 구름 가족 관계 증명서

누에고치	34
2월 꽃사람	36
애인	38
구름 가족 관계 증명서	39
부부	40
별	42
벗기	44
서랍	46
달집	47
그 애가 온	48
욱수골 나비	50
단풍	52

제3부 매화

한때	54
앓이	55
돌다	56
별꽃	57
목련	58
노랫길	60
모시 수건	62
반지	64
멀미	65
동굴	66
매화	68
내 시를 읊다가	69

제4부 겨울 사람

지하철	72
계단	74
전봇대	75
냄새	76
겨울 사람	77
여왕	78
늙은 나무	79
까마귀	80
갓바위	81
청암사	82
여름잠	84
푸르게 닿는	86

제5부 그릇에 멈춘

그릇에 멈춘 88
엄마 수능 90
엄마는 자리 바꿔도 92
양배추 93
시아버지 눈물 94
상제 놀이 96
배꼽 98
너른 어깨 100
가시버시 102
새끼 104
가뭄 105
나도 간다 106

해설 시간의 무늬를 깁다 / 김동원 108

제1부 꽃의 실험

낳다

하얗게 아프다가 불꽃처럼 흩어졌지만
다 열릴 때까지
하늘빛 말을 적어 보았다

그가 코 문을 밀고 들어왔다

방금 온 헌책에 붙어왔나 하다가
해넘이가 유리창을 달궜나 했다

화끈거리는 손목
하늘에 스민 바람을 불러낼까 보다

불길이 하늘을 끌어당겼다

허리 굽고 푸릇하고 비릿하다
울면서 와락 안긴 산안개 냄새

터진 구름 둘레로 서녘을

끌어안고 아랫물을 쏟았다

뜨겁게 앓았다

아뿔싸,
노을이 시를 낳는다

꽃의 실험

소리마디가 가득한 길턱에서
겨우 하나 받았다

5, 4, 3, 2,
1,
0.5
하얗게 덮어쓰고 앉은 침묵

아름다운 꿈길에 앉아 새가 오기를
기다리고 기다렸다

뽀글 파마 정거장에서 헤맸다
저마다 별로 가려고 몸을 싣고
지그시 눈 감고 별맞이 기차를 탄다

스치는 이 하루만을 본다
꽃을 여는 길

이곳이 그리운데 멀리 와 버렸다
뚜껑을 열자

사십 분짜리 꽃봄
하늘과 땅 사이, 꽃 덤불 핀다

맞춤

오직 하나, 집안이 궁금했지요

한여름 모깃불 곁에서 밤하늘 별을 보던

눈초리가 매웠어요

별똥별 하나 떨어질 때마다

어두운 하늘엔 장미가 피었죠

눈부신 그리움은 옷자락에 숨었죠

눈썹달이 곱게 뿌린 하얀 얼굴

발간 입술은 두 뺨을 물들이고

꽃님이 되어 가는 사흘 무늬

입술맛을 알아버렸죠

창가에 하얗게 고요히

누구 발일까, 파리한

그 사람 발

왼쪽을 오래도록 쳐다보았죠

낫

허방이 히힝 울어요

그 헛것은 머리 내밀지 않아요
고개를 돌리고 벽만 보아요

논에선 낮달을 베었죠
이젠 허물어진 뒷간에 걸렸죠

축 늘어진 늙은 턱은 외쳐요
비가 오려나 봐요, 슬프게
다시 그 무덤 앞에 다가갔어요

낫이 사라졌어요
후들거린 두 다리를 보고 알았죠

지팡이에 두들겨 맞아 팔이 부러진 적도 있죠
낫 타고 쩍쩍 갈라진 논바닥을 달렸죠

커다란 눈이 노루를 닮았어요
돌아보지 말아요

문득 삭은 낫을 보다가
그 눈물을 보았어요

허방이 히힝 히힝 울어요

늦잠

큰 돌 작은 돌 밟고 올라갔네

하얗게 밤을 지새우던 구름은 늦잠
한 걸음 옮겨 잎새 사이로 훔쳐보네

구름바다였네
삼킨 아침은,

바람에 이 바람에
윤슬로 춤을 추네
사각사각 하늘이 웃네

목이 마르다고 하였네
잘 내려가야 한다고 하였네

떨어진 가을은 헝클어지네
흔들리는 아이는 다 굽네

작은 돌 큰 돌 베고 꿈꾸네

천불산 바람

억새는 배고픈 바람소리로 운다

모로 누워 외로워서 운다

구름을 비집고 들어와 차갑다

빈 대에 손끝 하나 녹이지 못한다

핏줄에 스며든 핏빛 노을

깎아지른 천불산

쨍그랑 얼음 깨는 저 깊은 고요

채워도 채워지지 않는 빈속

배고프면 바람도 뱃구레로 운다

깨꽃

밤하늘 별을 생각하겠죠, 그 사람은

모기 앵앵거리던 숲속
첫 이야기를 꺼냈죠

꼬물꼬물 오르던 깨벌레 숨소리
꼬투리 들썩이며 들었죠

웃던 깨꽃 풀잎에 앉은
풀개구리 폴짝 손뼉 쳐요

바람은 부드럽고 햇살에 눈 씻고
감나무 냄새가 귀담아들어요

그 사람, 무언가 적어요
흘러가는 구름노래를 들었나 보죠

이랑에 쌓인 꿈이 고요히 깨어나요
가만히 그 사람 올해도 피었어요

그 사람

돌아선 가을은 붉은 길이었네

다시없을 뭉게구름과 함께

와 곱네, 등 뒤에서 말하던 바람

아직, 두 눈에 들일 마음은 적지만

고운 옷 입고 떠나려 하는 이파리

노을에 젖은 산 그 사람 닮았네

아련히 붉게 물든 보고 싶은 그 사람

붉은 물 뒤에 숨겨 둔 슬픔 하나

잊는다 말해 놓고 울어버린 그 사람

겨울 기스락

몰려오는 모두 다 하얀

그토록 보고 싶던 바다 끝
그토록 담고 싶던 저 보드라움
그토록 밟고 싶던 몽돌밭

쓸려가는 모두 다 하얀

발끝에 부서진 꿈거품
저 뾰족한 물손톱

소리를 지르네

가지 않을 듯 미끄러지는
애처로운 몸짓, 그와 나는 입맞춤
그리움으로 돌아온 소리

바다는 섬을 심는가

촤르르르 무르팍 둥글게 새겨
뼈 소리에 얹어 놓아 울리고
사랑처럼 넋을 놓고 보네

동백

그 사람 오시길 손꼽아 기다렸어요

세연정 골짜기에 흐르는 개울
햇살에 얼음 타던 그 맑은 소리

몸 반쪽 뒤틀던 그 비밀
살점 뚫고 터져 나온 붉은 피

멀리서 그립게 부르죠

첫날밤 족두리 더듬던
한 잎 두 잎 떨던 꽃잠

아, 내 앞에서 뛰던 가슴
서두르지 말라 하였죠

천천히 몸을 열자 하였죠
아늑한 봄 아침, 그 사람, 동백

빈

흰 눈 매화 핏물 한 껏 심어두었다

고요히 사무친 얼룩
나뭇가지에 비친 달자국

이른 아침 햇살은 몸을 일으킨다

떨리며 끌어당겨
쫓기듯 오른 봉우리

차가운 바람이 숲에 뱉어 놓은 숨결
앙상한 거죽, 볼품없이 스러질 겨울눈

입을 꼭 다문 파란 하늘이다

이제 가면 돌아보지 않을
붉게 물든 높은 마루 노을

사랑한 그 사람 휘파람은 곱다

동맥

누운 말이 뚫리는 날

나무 꼭대기에 앉아 가락을 튕기면
그 사람 팔은 사랑하기 좋은 실핏줄

덧옷을 입은 아이 벌어진 등을 발로 벌려요

뒷발이 긴 토끼는 두 손을 모으겠죠
바람이 떠밀었을까요

비학산 바스락거린 가랑잎
잎줄기가 갈라졌어요

핏줄이 하는 말은 가로등 곁에서 잃어버렸죠
팔을 뻗은 그 사람이 소리 질러요
춤과 노래만이 보여요

달빛이 휘청거리면 그림자는 소리치죠

수수께끼가 풀려요
그대 물길은 제대로 흐르나요

바다에 이르면 모두 다 즐거울 수 있겠죠
파란 핏줄에 이어진 수평선이 보여요

그래요, 막혔다 부풀다 흐르는 삶이죠

칼

하늘은 자라는 바람을 잘라야 해요

뒤돌아보면 온갖 말이 덩굴처럼
어느새 자랐지요

무엇이 그리도 궁금할까요, 아침은
다시 다시 우리는 그렇게 잘라야 해요

낮을, 긴 그림자를, 커피를,
졸린 눈으로 잘라야 해요

멈추려 한다고 멈추겠어요
어제도 오늘도 마침꽃 찍는 사람들

마음은 자라는 마음을 잘라야 해요
밀당하는 저 달빛처럼,

말이 말을 물고 나와 거리를 누비는

그 꼬리가 자라나기까지,

싹둑, 잘라야 해요

제2부 구름 가족 관계 증명서

누에고치

그래요, 아버지
그 실만은 끊지 말고 작은방에서 숨 쉬어요

골목을 돌아가다 담벼락 살피꽃밭에
올망졸망 달린 오디 보니
어릴 적 내가 뛰놀던 언덕집이 보여요

겨울이면 토끼랑 꿩도 잡던
흰 눈이 뒷산 솔가지에서 빛나고,
윗방보다 누에방이 더 크던 흙집에
오무락오무락 움찔대던 하얀 누에

나는 깨금발로 용쓰며 누에를 쳤지요
앓는 아버지 머리에 시퍼런 오디 물들고,
하늘처럼 살리는 뽕나무도 덧없어
저승사자처럼 지켜보네요

그사이 두고 내내 집 짓다 들어앉은

뽕잎 먹고 고치 치는 누에보다 더 부지런한
무명실 뱉어내는 아버지

깡마른 몸 누에고치 억지로 집어넣으려고
몸을 구부리고 쪼그라들려 하다가,

아버지가 병실에서 누에실을 짜요
멀뚱멀뚱한 눈망울이 뽕나무에 걸렸어요

2월 꽃사람

물소리가 났다 그땐, 멎은 10초

뜨거이 하얀 바람을 뿜으며

쓰러지던 네 숨결

매화에 묻혀 온 떨린 숨소리였다

달빛 창가에 내준 입맞춤

불꽃으로 피었다

네 자국, 붉은 꽃잎 한 자락

그렇게 떠나보낼 순 없었다

남은 눈밭에 못다 쓴 말

새살림 아픈 말마다 뼈

눈물에 피워 둔 옅푸른 잎새여

오래오래 잠들라

그대, 부푼 2월 꽃사람!

애인

눈부신 하얀 배꽃 얼굴로 왔다

바람이 창가에 누운 꽃잎을 만질 때,

산 그림자 바라보던 멀건 눈망울

깊은 못을 말하고 싶었지만,

물속 꽃잎이 떠올라

사라지기를 기다리는 동안,

가슴에 피던 애틋한 입김

눈썹과 눈썹 사이 낮달로 왔다

그 떨림, 스치는 손끝

몇 방울 설레며 왔다

다문 입술은 고요를 깨고

애인은 달빛 휘어진 그 밤에 왔다

구름 가족 관계 증명서

그 사람 하늘 구름에 알린 지 닷새가 되는 이른 아침

나는 동사무소에 들렀다
이 세상 남은 자국이 지워진 그 사람 빨간 수평선
김상우 사망

내 가족 관계 증명서에 두 글씨가 끼여들었다
이 세상 모든 강줄기만큼 멀어진 사이

그렇게도 일찍, 그 사람을 찍어내고 싶었을까, 이 땅은
그 먼 곳 바람 호적에 그렇게도 빨리 올려주고 싶을까

그 사람 하늘에 알린 지 닷새가 되는 이른 아침에

부부

시끄러운 차소리가 가라앉고
매미노래 따라 우리가 처음 하는
가위바위보 당신 먼저 아까시 이파리 튕기고
개망초 풀어 놓은 들길 따라서 언덕에 올랐네

참나무 그늘 풀밭에 돗자리 깔고
배낭을 풀어 눕네
파란 하늘을 하얗게 덮은 양떼구름 바다
꿈 하나씩 날려보네

우리 부부 두 발에 밟힌 하늘
꼭대기에서 보니 참 작구나
먼지 하나 없는 하늘 사이로
빨려드는 빛살

저 높고 넓은 별밭에 올라서도
우리 만날 수 있을까,
여기에 손 놓아버리고 싶었던

한마디 마음

여치울음 팔랑팔랑 나비 날갯짓 소리
바람도 멈추고 발걸음도 멈추고
너와 내가 입을 여름옷을
노을처럼 사랑하리라

별

계단 밑 어둠을 만지러 가요, 우리

그 눈빛 실눈을 뜨고 따라와요

꽃을 든 아이가 휘파람을 불었거든요

흰 눈 손가락을 닮았다고 했죠

꼼짝하지 않던 그 물푸레나무는 잘 있겠죠

새벽까지 들썩이던 여린 바람 어깨

장미보다 더 예쁘다고 내게 소곤거렸죠

눈부신 그림 하나처럼

보여주고 싶었죠, 노래하는 사람은

웃을 수 있지만 멍울을

어둠을 나누고 싶었죠

마늘촛불* 편지 한 통 받고 달려간

윙스타워에서 이슬을 물었죠

간밤 따라온 깔깔 웃음, 어둠으로 달아나요

*복효근의 시 「마늘촛불」 인용.

벗기

가던 길 멈춰 서지 않았더라면
몰랐을 그 사람 속빛

비 그친 숲길 걷다가
내려오는 벌레 한 마리 만났다

지팡이로 말을 걸었다
파란 옷을 입는다
나뭇가지로 옷을 만졌더니,

나는 달팽이가 아니야
살살 손사래 푸릇푸릇 입술,
곱다

그 사람도 처음 그이를 만날 적에
곱다시 바알갛게 피어났지
팔색조 치마 갈아입었지

이제 봐주는 사람 없어
다 떨궈 버린 겉옷

머리핀 꽂고 질끈 묶은 머리
몰랐던, 거울 속 그 사람 새 속빛

서랍

위층 아래층이 소곤소곤 말을 해요

허리 잘록한 그 사람, 그만 떠나려 해요

붓꽃은 목도리에 저 혼자 피어요

접었다 폈다 그렇게 가요

함박눈에 갇힌 겨울 얼마나 기다렸다고요

물방울 반지는 까맣게 잊었나 봐요

위층 아래층, 그 사내가 쏟아져요

봄 벽장, 어지러워요

한들한들 유채꽃이 피려나 봐요

노랗게 물든다면, 다시 꿈꾼다는

그래요, 한바탕 또 휘몰아치려나 봐요

달집

그리움을 품고 못물에 내려온 별내

마당을 지나 건넛방 그대 계신
봉래섬에서 본 바람채 하나

계수나무에 걸린 사랑을 아시기나 할까

그대는 저 별꽃 등에 올라
밤마다 무지개문을 건너시겠지

못물엔 흰 꽃이 피어 곱다지만
내 모습보다 더 아리따울까

피었다 질 때까지 그리워하시려나

견우와 직녀가 만나 헤어지던
까막까치다리 건너 이 밤 내려오시려나

달빛이 비친 저 산 너머 날 보러 오려나

그 애가 온

왼쪽 길로 가는데 오른쪽 길로 따라가더라

저 아이는 무서운 사람이라고 말했다
아마 어제도 일이 크게 일어났고,
말한 그가 추워서 조금 떨었다

꼭대기에 마루를 놓았는데
그곳에 올라서니 방이 되었다
산꼭대기에서 내려다본 꿈 밖 세상

우리는 이쪽 벽에 그들은 저쪽 벽에 누웠다
그이는 싱긋 웃더니 내 이불을 당긴다
옆에 나를 두고 짓궂게 웃는다

불을 켰다고 벌떡 일어나 내 앞에 선 사람
아리송한 눈빛이 거울에서 웃는다

소름 돋았다

엄마, 엄마 하고 부르고 싶었구나

꽃도 보내고 눈물도 보내고 그 너머 구름도 보내고
그 애가 온 날, 서른 몇 해 만에
배롱나무, 무화과나무 밑에 묻은 아이 핏자국

욱수골 나비

벼랑 끝에서 흰나비 한 마리를 보았다
나비는 냉이 꽃대에 앉아,
내가 다가가도 옴짝 않는다
날아가는가 싶더니 옆 꽃대로 옮긴다

검은 세로줄무늬 나비, 나도 모르게
왜,
외마디가 입에서 맴돈다

각시붓꽃과 하늘을 보며 핀 큰구슬붕이를 엿볼 생각을 했다
작고 가녀린 꽃 무슨 일이나 겪지,
그 생각 끝에도 꽃에서 눈길을 떼지 못했다

챙겨 온 꽃삽을 꺼낼까 말까
눈치 살피다 맨손으로 각시붓꽃을 당겼다
꽃만 뜯기고 뿌리는 뽑히지 않았다

두 꽃을 노리는 때에 곁님이 큰일을 치렀다

버스가 오는데 찻길을 바꾸다가 뒤에서 박았다
그때 각시붓꽃 넋에 홀렸달까

마지막 개울 징검다리 앞에서 미끄러졌다
꽃대가 부러질 때 이렇게 아팠겠다

꽃을 노리다가 절름발이 홀어미가 될 뻔했다
나비가 네 마디나 들려주었는데……,
꽃은 소리를 질렀다

단풍

불타도록 사랑했던 그 사내
올라오는 땅 밑 가을에
이제 나그네가 되었어요

붉은 이야기는 붉은 하늘을 그렸어요

신발 끈 여민 사내를
물끄러미 내려다보며
눈물 떨구는 파란 하늘

땅바닥에 쌓인 글에 가슴 뛰어
달빛 속삭임 받아 적었건만,
부드럽고 붉은 입술

만나지 못했겠지요, 그대여!

붉은 눈물에 붉은 눈빛에
반짝이던 그 사람
잊지 못해 살았어요

제3부 매화

한때

바라보기조차 눈부시네요

그윽한 눈빛

두 볼이 붉게 물들어요

두 입술, 봄비 젖은

꽃눈으로 웃었죠

모시나비 내려앉은

풀잎 이슬 한 짝

끄떡이던 몸짓

여기에 피어나려는 아름다운 꽃

앓이

더 밑으로 자꾸 내려가려고 해요

하얀 머릿속
가랑잎으로 가는 표 여섯

가을 사람이 끌고 온 그림자
서늘히 삭아버린 어제

손 하나 왔다가 바람 따라가고
땅 꿰매느라 시끄러운 밖

울컥 밀려 올라온 푸른 어제
빈자리에 쌓이는 하루

왜 자꾸, 말을 걸어오나요

돌다

담쟁이는 다홍치마를 입고
맑은 바람이 씻던 골짜기
바위에 붙어 곱기도 하네

우두커니 가을이 그 사람 바라보네
왜 날아왔는지 잠자리가 서성이네

구부린 생각 끝에 글 몇 줄 붙어
이 손가락 끝에 나붓이 앉았네

떨리기도 하고 반갑기도 하고
내가 나무꾼인 줄 아나 보네

조막손이 찢은 날개옷으로
국자별로 가지 못한 그 잠자리

어지러운 발길 붙잡는 여기,
절간에서 꽃길을 빌어 주었네
그래도 갈 생각이 없는 낯선 잠자리

별꽃

하얀 신발로 그 사람 곱게 입었어요
캄캄한 밤하늘 별떼가 몰려왔죠

소리와 소리 사이, 꽃가락이 흘렀네
나비가 찍은 발자국이었죠
동동대는 떨림은 휘어요

달빛에 날아간 삼 분,
더듬더듬 속을 울렸네
바람은 어질어질 마음을 흔들어요

그대 입술이 머금는 구름

나비를 사랑했나 봐요
어릴 적 벗은 그 붉은 꽃잎으로
한 걸음 두 걸음 따라 읊은 혼잣말

시가 나비가 되었네
꽃가락에 꽃빛을 걸어 곱게 띄워요

목련

마파람 샛바람 탓이었을까요
해뜰녘 즈음이면
그 사람 피어나요

간밤 물방울 달빛 반지로
다짐을 하고,
나무 겨드랑이를 열고
자리 잡은 단단한 작은 새집

손끝으로 건드려 본 솜털
겨울 눈송이 애틋한 설렘
봄빛 손길만 기다렸어요

단단한 고깔에 오로지
몸서리치며 꽃잎을 빚어요

촉촉하게 더 깊이 더 깊이 땅에 스미어
아지랑이 열리고

보이는 삶보다 보이지 않는 삶
긴 굴을 뚫고 펼칠
그 글에 날개 달고 싶은
뿌리 쉼터에 목련, 피어요

노랫길

엄마, 흰 눈도 전화를 해?
하늘에서 노래가 어디서 나오지?
구름을 켜면 라디오 소리가 날까?

엄마, 내 방에서도 들을 수 있나요? 별빛 소리
라디오로 별빛 달빛 맞추면 늘 노래 나오지

그러네
소리 가볍게 돌리고 책도 읽고 귀도 놀고
알았어, 엄마
아마 조금 있으면 달에서 토끼들이 방아 찧는
노래도 나오겠지

라디오에서 흘러나오는 음악이 너무 놀라워!
꿈에서도 노래를 듣는 어릴 때 아들
너는 아니, 너 어렸을 때 옛노래 좋아했는데

엄마, 이 노래 들어 보았나요?

푸른 옷소매 가락으로 펴는 꿈노래
저 숲에서도 들려요

송이송이 내리는 흰눈은 기쁨노래
엄마 들려요, 꽃이 피는 철인 봄
비탈리 샤콘느, 드보르자크 신세계, 차이콥스키 1812년 서곡 같지 않아요?

흰 눈이 내릴 때마다
노래길 새로 돌아가는 소리

모시 수건

너울이 휩쓸고 갔던 원천리 수박밭
청포도 가슴에 품던
너른 들 파란 하늘 가없이 바라보네

나 오늘 불러 준 아름다운 이육사!

울부짖으며 노래마디 뿌린 메아리
낙동강 들녘에 돌아온 머나먼 길

끝말은 쓰지 않겠다는 천둥 같은 말씀
연필 다섯 자루 들고 여쭈러 갔다

있는 모든 것이 낡고 허물어져도
그대로인 시인의 하늘
한 세기 지나도 잠들지 않을 하얀 모시 수건

나 오늘 불러 준 거룩한 이육사!

따스한 어머니 품에 안기고서야
골짜기로 찾아온 산들바람
고달팠던 한 몸, 이 마을에 아늑히 깃드소서

반지

그 반지 끼었더라면
그대처럼 봄빛으로 푸를까요

말무덤 맞으면 배롱빛 노란빛 맑은 돌로 바뀌는
믿을 수 없는 오락가락

날개 펼친 새한테 박힌 맑은 빛
이 밝음 잃지 않으려고 내가 빼둔 반지

그날 오어사 그대 생각나나요
원효가 삼키고 혜공이 삼켜
살아서 나온 사랑 물고기처럼

그대 그 빛을 오래도록 반짝 보고 싶어요
손뼉 치고 발을 비비고 꼬리도 흔들면서

서른 해 변치 않는 해밝은 빛깔
나는 바꾸지 않을래요

멀미

바람 치맛자락에

매달린 뜬구름 같았지

붉은 꼬리 끌고 가는

노을 따라 꿈이 번지네

가볍다는 까닭으로

붕 떠버렸네

그때 왜 말하지 않았니

달아난 네 눈빛

울렁거리는데……,

너무 멀리 온 길, 그 사람

동굴

잃어버린 발자국을 찾아 나섰네

두 번째로 간 하얀 별
투구를 쓰자 코스모스가 사라지고
붙잡힌 시끄러운 소리 벗어나
쏘아 올린 얼

하늘이 뚫리고 땅은 사라지고
토성 고리를 돌았네
고리 모퉁이에서
빨라지는 걸음을 잡는 느린 뒷걸음

별은 깜깜한 길에 서네
하늘에 누운 작은 몸뚱이
홀로 빠져나온 소리는 근심

차가운 덩어리 핏줄을 타고
하얗게 긁어내는 동굴 밑바닥

묵은 뿌리를 캐는가,

우웅 우웅, 울어대는 MRI

매화

바람이 불자 꽃나무가 소리를 지른다

둥성이 한 바퀴 돌고 온 자리

그때 겨울 나도, 매화도 추웠다

바람은 치근거리듯 웃고

눈물로 들썩이며 새벽에 안겨 울던

싸늘하던 그 밤 나도, 매화도 추웠다

내 시를 읊다가

그날 죽은 꿈을 보러 가는 하루는 외로웠네

마지막 다섯째 줄을 읽다가

울컥, 울컥, 말길이 막혔네

줄마다 그리움이 죽었네

후들거리던 다리가 들었네

떨어진 벼랑에 죽은 겨울이 지켜보았네

그때 나는 꿈을 움켜쥐고 바둥거렸네

이쪽이었던가, 저쪽 길이었던가

둘레둘레 서성였네

그날 죽은 꿈을 보러 가는 하루는 아슬아슬했네

제4부 겨울 사람

지하철

휠체어 바라보다 길을 잃었다

밖은 개나리가 피어 한창인데
봄, 지하철

한 곳을 지나 빨간 전동차가 탄다
검은 옷이 문 옆으로 붙자
짙은 어둠이 또 달리고
곁눈질 여자 휠체어가 뒤로 내린다

잠깐만요, 매화, 타야 해요

커다란 얼굴인 남자 휠체어가 탄다
눈처럼 쌓인 비듬은 통화하고

복판을 가로막은 커다란 휠체어 바라보다

안개와 안개 사이 문이 닫힌다

아차, 반월당에 매화 두고 왔다

휠체어 탑승 6-1 출입문
그 낯선 명덕역에서
이쪽저쪽 왔다 갔다

휠체어를 바라보다 봄을 잃었다

계단

하얀 바닥돌이 깔린 지하방

문 하나 없는 바닥이

방이라고, 신발을 벗고 잔다

우산 하나 웃옷 하나가 온살림이라

자리에 얹어 놓았다

무엇이 바람을 베고 잠들라 했을까

두 다리를 웅크리고 바르르 떤다

지하철 계단 밑 반월당 노숙자

티끌이 될 때야 벗을 몸이란 집

집 한 채 지키느라 버겁다

전봇대

꼬불꼬불한 골목 끝에 한숨 쉬는 전봇대

미친이처럼 밤하늘에 무얼 쓴다

바람은 똑바로 몸을 편다
우두커니 선 아침에 두 다리
가로등 밑에 별이 떨어졌다

뭔가 나쁜지
고양이는 가릉거리며 담벼락에 붙어
그림자에 숨었다

서는 길은 참는다는 길

누구를 불러낼까
둘레둘레 살피는 열 시 반
들은 척도 않고 지나는 구름이 웃는다

그래도, 내내 하늘서 우는 새보단 낫다

냄새

지하철 어르신 한 분이 내 곁에

앉는다 누구나 비키고 싶은 냄새

논이었을 냄새, 밭이었을 냄새

치맛자락 할머니 몸내음 나풀거린다

무던한 저 흙냄새

젊은 모란 냄새, 장미 냄새, 어디다 두고

이 아침 꽃가루 바르고 나온 할머니

홀릴 사람은 흐리지만,

그만둘 줄 모르는 늙은 냄새

덜커덩덜커덩 낡은 자리는

창가에 깃든다

겨울 사람

오나?

다 와 가요, 풍산 들어왔어요

날 태워만 주고 너는 가거라

모셔다 드릴게요

그랄라꼬?

겨울 사람이 허리 아파 부르신다

두 팔로 번쩍 들어도 될 작은 몸

내가 이래 갖고도 산다

무덤덤 창밖을 보는 겨울 사람

들꽃 사이 노을을 걸어두고

가을 들녘을 지나가는 겨울 사람

여왕

우리 낭산에서 뵌 적 있지요
잠깐만 모전에 들어도 될까요

불길에 앞뜰이 된 들에
녹아내린 금동이 슬픈 때문인가요
용을 다스리는 고단함 무엇으로 다 말할까요

모란그림에 벌 나비가 없어
아프게 찍힌
꽃내 없는 사람

금바늘 은바늘 꿰차고 싶어
유리 돋보기와 쇠 가위
부처에게 바친 그대

향긋한 사람으로 남고 싶었군요
그대 꽃내에
발길이 떨어지지 않는 분향사에서 언뜻 본 선덕

늙은 나무

늙은 나무가 구름을 몰고 와요

바람이 꽃잎을 피웠을 때도 있거든요

하늘에서 떨어지는 잎이 수북이 쌓여요

정강이가 시리다고 하여요

별 너머 옛마을이 보인다고 그래요

싸늘히 흘러 흘러 가겠지요

바다로 가는 길 멀고도 먼

젖은 아랫도리 하루

늙은 나무 밑에는 젖은 기저귀가 있어요

까마귀

잠이 덜 깬 스님 기침 소리
새 한 마리 절간에 몰래 들어와 쌀을 쫀다

까마귀 수레에 싣고 온 부처님 밥을
까만 털옷으로 꾸미고 용마루에서 모신다

견우와 직녀 만나도록 다리도 놓고
노아 나무배에서 처음으로 나온 까마귀

고것들과 다른 옷 한 벌로
까악 한가락 뽑는 목소리가 청승맞다

절집 마당에서 사랑 나누는 까마귀 둘
두 날개 마주 펼치고 해를 가린다

갓바위

갓바위 오른 할머니 손으로 듣는다

파란 하늘 절집 구름은 하늘길

꼬부라진 애달픈 할미꽃 비손 소리

열 해가 되면 한몫 챙겨 오너라

금빛 나비 한 마리 하늘글 읊는다

청암사

골짜기는 이쪽과 저쪽으로 가는 길

목과 손목에 붉은 띠 중옷 입은
그 스님 뒤따라 돌다리 건너
냇물 한 모금 마신다

큰채 문살이 탕탕 소리를 낸다
빛바랜 돌가루 푸른 기와 밑에

한 칸 두 칸 오백 칸 근심을 터는 스님

긴 옷 하얀 입가리개 까까머리
여덟 스님 여덟 칸으로

삶이란 티끌을 달랜다

돌계단 따라 언덕에 굳게 닫힌 빗장
높은채 안마당

새빨간 열매가 근심으로 깨달을까

그 사람 기쁨이 빗물로 번지며 피었을까
뜰에 하얗게 핀 긴긴 기다림
골짜기는 이도 아니고 저도 아닌 틈이다

여름잠

멧길을 내려오다가 이마가 부딪혔다
뒤를 돌아보니 하늘뿐

맑게 풀잎 매달린 하얀 절 한 채

대롱대롱 흔들리는 나무방울처럼
솜꽃 하얗게 끓어오른다

허름하기 짝 없는 거품 한 채

꼬투리 세 자락 붙이고
잔가지로 고슴도치 흉내 낸 도롱이 수염
실을 뱉어 호리병에 들어가 뚜껑 닫는다

꿈틀거리며 용하게 들어가는 집

저도 근심이 있을까
참새와 사이가 나쁠까

깜깜한 작은 절집에
몸부림조차 치지 않고
깨달으려나 보다

고요한 빛 하나 품고 아슬아슬 외줄 탄다

풀피리 나무방울 소리 흔들며
나뭇가지에 매달려
고치에서 여름잠 들었다

푸르게 닿는

그물 같은 잎줄기가 닿소리 같다

잎 다섯 달걀꼴은 홀소리이겠지

말마다 힘줄 다 드러낸 나뭇잎

닿다가 홀로 모여서 숭숭 난 구멍

바람이 들어오면 옹크리고

실오라기 하나 걸치지 않은 풋풋한 닿소리

촘촘하게 쌓이는 ㅂ ㄷ ㄱ……

한 칸 한 칸 별빛으로 얼기설기 짜며

저 단단한 심줄 같은 글 바탕 될 결

풀빛은 잎줄기 놀이

노래로 가는 첫 줄

제5부 그릇에 멈춘

그릇에 멈춘

구름은 하루한테 붙잡힌다

모두 멈춰버린 집,
몸이 커진 아이만 빼놓고
옛날만 득실거리는 집에
그릇이 그렇게도 많은 줄 몰랐다

쓸데없이 그릇만 샀다고
미친 짓 했다고, 아무래도 돌았다고
멍청한 사람으로 내몬 그 집

그때는 나를 기쁘게 하던 그릇
그릇이 시치미 떼고 구름마다 녹아든 집

열 살 아이 파란 겉옷 하나
중고등학교 옷도 걸린 집
책장에는 꿈이 숨죽이고
바싹 비틀어진 그릇에 숨던 집

이제는 구름에 붙잡힌 집

칸칸마다 사라진 아이들 생각이 자라
어정쩡한 오늘과 낯선 어제가 함께하는 그 집

엄마 수능

엿 하나 집어 먹고 싶었으나 꾹 참았다
몰래 하나 집었다간
왠지 몽땅 안 먹는다고 할 듯한 아들

나보고 계피엿을 먹으라고 했지만
꾹 참았다

그럼, 우리 하나씩 맛보고
어떤 것이 맛있는지 알려주기로 해
검은엿은 수학 맛일까, 영어 맛일까
네가 좋아하는
땅콩 맛이겠지

엿 먹다 금니가 빠질 뻔했다
바로잡은 이가 뒤틀리겠는걸, 아들
엿 얕보지 마라
여태 바로잡은 국어 다 망가뜨린다

눈치 보다 엿은 모두 내 차지 되었다
몫으로 다 먹어 주던 엿, 금니에 달라붙었다
그렇게 붙어 봐, 아들

엄마는 자리 바꿔도

쉼터 가락국수 국물 마시다 짠하다
백 킬로 달려가는데, 사흘 뒤 집을 옮기는데,
딸년은 영화 보러 가버렸다

배는 고프고 전화는 안 되고
도배 아줌마 아저씨와 짜장면 시켜 먹고

돌아가는 밤, 졸음 쉼터 자고 일어나
또 가락국수를 먹는다 울 엄마도
우리 집에 왔을 때, 그랬겠지

25+52=77살

딸 나이에 숫자 한 자리 바꾸면 내 나이가 되고
나와 딸 나이 더하면 울 엄마 나이가 된다
엄마는 자리 바꿔도, 다 더해도 길이 된다

양배추

아침에 씻는 남편에게 손전화 건네주었다
―야, 조금 있다 도
그 열 받은 머리통 냄비에서 끓는 찌개 같다

"화통을 삶아 먹었나?"

팔팔 끓는 물방울 분무기로 팍팍 뿌려라
그 아래 너 압력밥솥 추야 더 세게 돌아라
내 짝꿍도 돌아라
앞집도 돌아라
옆집도 끓여라
다 끓고 다 돌아 다 뿜어라

회오리 외침 서재 창문을 뚫고 나갈 때까지,
부글부글 열 받아 삶긴 양배추처럼
서러움도 끓고
짝꿍 쇳소리도 팔팔 끓여 아주 졸여 버려라

시아버지 눈물

제사를 물려받고 첫 한가위 쇤다
시어머니는 갈색 옷고름 달린 흰 저고리에
까만 치마 입으시고,
시아버님은 엷은 보랏빛 차림에
쪽빛 조끼와 두루마기 덧입으시고,

가을을 밀고 아들 보러 오셨다

두루마기 소매에서
두건이 짠 하고 나왔다
두건 밑 검버섯 드러나고
다문 입술은 금 하나 그은 듯,

―이제는 제사 때 못 온다. 설날 때도 못 오니 그리 알아라. 오는 길 멀어 힘들더라. 내가 왔는데 성하는 벌초 가고, 일하는 저 집에서 지내고, 할배는 여기서 지내는데, 마카 저 아부지 제사만 지내고……

말을 다 잇지도 않았는데
'엉', 안경 너머 눈물 떨어진다

갑자기, 고요

범 같으시던 시아버님, 여든넷에 터트린 설움
—내가 제사 넘겨줄 줄은 몰랐대이,
흐느끼던 목소리에 조상을 모시는 그 마음 두고
시골집으로 가셨다

명절마다 며느리 살림돈 챙겨 주시던 시아버지
이제 내가 마고자에 넣어 돌려드린다

—아버님, 다음 설에 꼭 오셔야 해요
두 손을 꼭 잡았다

상제 놀이

떠난 이가 술 한 잔 드실 동안
곁님이 두 팔을 끌어 내렸지만
돌처럼 단단히 굳어 꼼짝달싹 않는 두 팔
그 넋이 터진 사이로 상제 웃음이 새어 나왔다

사위 상제와 울음 연습 한 번 하고
문상객 들자 어우러지는 서툰 울음소리
김 가는 아이고, 아이고!
류 씨 이 씨 백 씨 유 씨 정 씨는 어이, 어이!
어린애 소리내듯 입을
오그리며 아이고, 첫마디 사레든 상제

내 어릴 때 보았던 상제는 나이도 지긋하고
머리에 짚을 얹고 삼베옷도 입고
울음도 서글서글 잘만 하던데,
막내 상제는 겨우 개미 목소리를 벗어
참 어설프기 그지없다

떠난 이 둘째와 넷째 아들 웃음빛으로
며칠 동안 뱃가죽 당긴 딸 상제
울어야 할 자리 웃음바다 이루고

아들딸 웃음 울음 들은 사진에는
떠난 이 슬픈 눈빛도 덩달아 활짝 웃는다
처음 해보는 상제 놀이
넉넉한 웃음보따리 담아
떠난 이를
잘 떠나보낸다

배꼽

검지 한 마디만 한 딱딱한 것

이삿짐 정리하고 본 아들 배꼽

하늘빛 악어 이빨에 꾹 잡힌 저 배꼽

씹다 만 오징어 다리 같은 배꼽

사진첩에 두었다가 서랍에 옮겼다

아이 숨이 들어온 그 고운 자국

나와 맺은 첫 매듭 배꼽

하늘에서 온 그 자국

새하늘로 가는 날에 열쇠 같은 무늬

몸을 빌려 나온 거스를 수 없는 티

살아가는 동안 죽을 만큼 아플 때

제 배꼽을 달여 먹으면 낫는다고 했던

그 슬픈 이승살이 배꼽

너른 어깨

성경책을 펼쳐 둔 채 집을 나왔다
새로 옮긴 집 나만 깃드는 곳

창가 쪽은 글 쓰는 책상
문 쪽은 책 읽는 자리
그 너머엔 구름 꽃병

—그런 책은 읽지도 마래이
—다니고 싶으면 통장 다 내놓고, 도장 찍고 가래이

거룩한 말씀을 무슨 사슬이며
올가미로 여기는 그 사람

막 새집으로 옮겨와 내 방에서 못 볼 것이나
본 것처럼, 놀리던 말, 말, 말

가끔은 하느님 어깨에 살짝 기대어
무거운 짐 내리고 싶은 밤이 있다

잘못된 길을 기웃거릴 때
기대고 싶은 그 하늘빛 너른 어깨

가시버시

다섯 식구 복닥거리며 살다 다 빠져나가고 둘이 산다
서른 해 동안 둘만 살아 본 날을
손꼽으니 한 달이 빈다

둘 있으니 봄꽃 피려나,
누운 등 뒤로 그가 바짝 다가와 속삭인다
꼭 안긴 채 가만가만 듣는다

─우리 아지랑이처럼 살자
─우리 들꽃처럼 웃자
─아무리 바람이 불어도
─오늘처럼 푸른빛이 되자
─그대 나들이 마음껏 다녀

마음속 겨울눈 녹아 사르랑 빠져나갔다
오랫동안 꼭꼭 숨겨둔 꾸러미를 연 첫날밤 같은 그날
귓전에 낯설게 들려오던 소리

―뭐 하노

창밖 흰 꽃이 키득키득 웃는다
고양이가 야옹야옹 웃는다
누가 따라 웃고 사랑이 덩달아 웃는다

새끼

손으로 품고 배에 품었다
벚나무 집을 두고
목이 쉬도록 울며
그 어린 것이 날아온 까닭은 무얼까

한 방울 눈물이었지
두 방울 손등으로 훔쳤지
오월은 덤불뿐이었지

재워 준 장미를 놀라게 한 아침
가는 잎 그늘사초로 둥지를 엮었지
꿈꾸며 어미 찾아 잘 날아갔는지 몰라

그곳에도 창 너머 잣나무에 집이 있어
이틀 내 품에 온 사이
날개 틈에 만진 겹겹 하루,
포르르 날아갔다

가뭄

쩍쩍 갈라지면 어때

궂은 길로 돌아가면 어때

그대 믿고 쉬어가면 되지

산수국 파랗게 웃으면 어때

물안개만 피면 어때

물과 불이 만나 함께 걸어온 길

논둑 포근한 두렁에 앉아

쩍쩍 갈라진 지난날 본다

나도 간다

작은딸은 늦은 밤 비행기 탄다고 한다
너만 가냐 나도 간다
내가 그토록 꿈꾸던 일,
나는 책으로 이탈리아 피렌체로 간다
모레는 베네치아에 간다
글피는 나폴리에 간다

작은딸은 필리핀으로 날아갔지만
나는 하롱베이도 가고
네팔 스와얌부나트에도 간다

너만 갔다 왔냐 나도 갔다 왔다
나는 또 프라하와 비단길을 걷고
지중해도 헤엄치리라

이 나라를 발로 넘어 본 일이 없으나
밤마다 저 먼 나라를 그린다
잔뜩잔뜩 읽는 책으로,

밤 비행기로 떠나간 딸애보다
피렌체에 더 일찍 닿겠지
괴테 무덤도 가고
단테를 기리는 돌 앞에서 찰칵 박아야지
너만 가냐.

해설

시간의 무늬를 깁다

김동원 시인·평론가

프롤로그

그녀의 시는 서랍 속 은밀한 고백이다. 서정시는 기억의 균열이자 파편이다. 그녀의 감성은 꽃의 실험이자, 통증이다. 그 실험은 자연의 놀라운 경이로움에서 촉발된다. 그녀는 봄의 비밀번호를 안다. 응시와 관찰의 매듭을 풀어, 종이 위에 고요를 받아 적는다. 그녀의 은유는 늘 바다 쪽을 향한다. 공중을 떠도는 아침 구름에게서 귀엣말을 엿듣는다. 하여, 그녀 시는 시시각각 허공의 이야기로 다가온다. 때론 모로 누운 바람의 노래로, 때론 달빛의 은빛 물결로 출렁인다. 그녀의 시는 현실의 직유이자, 꿈의 상징이다. 겨울 매화의 혈액을 통해 사람살이의 그늘을 반추한다. 번뇌의 마음을 잘라 겹의 언어로 깁는다. 그녀의 시는 현대인의 불안한 그림자가 일렁거린다. 산 너머 아득한 메아리 소리가 들린다. 하여, 그녀의 시는 이 시대에 서정시를 그리워하고 호명하는 이들에게 반향을 불러일으킨다. 좋은 서정시는 감성과 이성의 균형 잡힌 시각이 중요하다. 사람의 상처를 치유하고 행복한 마음을 일깨운다. 그녀의 시는 자유를 찾아가는 길이다. 몸을 빌려 나비가 되기도 하고, 시어를 통해 밤하늘 별꽃이 된다. 마음 가는 대로, 되고 싶은 대로, 온갖 대상으로 변신한다. 그녀의 시는 현실과 상상의 경계선에 서 있다. 존재의 세계를 통해 상징의 세계를 들춘다.

하여, 그녀의 시는 시간의 무늬를 깁는다. 좁은 언어의 문을 통해 독특한 감각을 새긴다. 그녀의 시는, 사이와 사이에 기호의 통로가 있다. 의외성의 조합이자 이미지의 겹칠이다. 모호한 형용사의 시선이, 오히려 그녀 시를 꿈꾸게 한다. 묘사와 서술의 융합을 지향한다. 행간의 비약과 가능의 미학을 추구한다. 그녀의 시는 나무와 숲의 연대기를 함의한다. 좋은 서정시는 사물의 말을 인간의 언어로 바꾼다. 하여, 그녀의 시는 몸과 상처에 대한 질문이다. 사람과 사람 사이의 갈등과 추억을 통해, 삶의 행간을 교직한다. 고통스런 현실을 비유로 씻어낸다. 때로는 소통의 공간으로, 때로는 자기 검열의 장소로 활용한다. 이런 메타포는 타인과의 공감을 한층 내밀화한다. 하여, 그녀의 시는 '나'와 '내면'과의 밀회의 장이자, 고백의 성소이다. 타자에게 말할 수 없는 답답한 심회를 언어를 통해 풀어낸다.

기괴하고 발칙한 해체의 실험은 미미하지만, 그녀만의 감동적 서정으로 물들인다. 자신이 체감한 날것의 언어를 빌려 생기를 전한다. 개울가 발을 담그고 동무들과 보름달을 바라보는 여름밤 풍경은 정겹다. 시의 행간에서 들려오는 앞산의 뻐꾸기 소리는 시적이다. 박꽃 핀 고향의 옛집과 돌아가신 아버지를 오버랩한 장면은 뭉클하다. 서정시의 구심은 기억과 추억의 방식으로 변주된다. 안과 밖의 창窓을 통해 대상을 이야기 구조로 구부린다. 고뇌와 탁마의 절박한 지점은 좋은 서정시가 나아갈 방향이다. 그녀는 현실 밖의 현실을 꿈꾼다. 이런 몽상의 세계는, 이번 김정화 시집 『꽃의 실험』에서 중요한 기제로 작동한다. 너무 추상적이지도, 너무 구체적이지도 않다. 그저 그늘진 일상 속에서, 그녀만의 젖은 목소리로 언어의 살점과 뼈를 발라 시의 보자기에 싼다. 시인의 고통을 여자의 산고에 비유한 「낳다」, 낯선 서정을 실험한 「꽃의 실험」, 아버지의 죽음과 모진 뒤쪽을 우화羽化의 기법으로 다룬 「누에고치」, 현대의 층간 소음을 밝은 시선으로 그려낸 「서랍」, 아버지의 죽음을 물아일체로 승화시킨 「구름 가족 관계 증명서」는, 김정화 시편을 이해하는 중요한 척도가 된다.

상응 Correspondence

 김정화의 시집 『꽃의 실험』에서 주목할 지점은, 존재와 존재를 이어주는 말의 은유이다. 말은 서로가 서로를 드러나게 한다. 이런 '들림'과 '보다'는, 시의 행간을 깊고 비밀스럽게 한다. 비밀이야말로 후각, 촉각, 미각의 새로운 의미체를 만든다. 이런 놀라운 공감각적 표현은 말이 있어 가능하다. "모든 존재하는 것은 다 드러나 있는 의미체이다. 그러므로 존재하는 모든 만물은 곧 말이다. 말은 의미의 세계이며 존재자는 의미로 존재한다. 그 의미로서 존재하는 것을 만물이라고 한다. 의미 아닌 것으로 존재하는 것은 없다. 이 세계는 말, 곧 언어 안에서만 모든 것을 문제 삼을 수 있다. 그리고 언어 밖의 것을 언어 안으로 끌어들일 때, 그 언어(존재)의 문제는 언어 밖의 것과는 무관하다는 것을 말하고 있다."(송항룡, 『노자를 이렇게 읽었다』 1장) 그런 측면에서, 시 「낳다」는 놀라운 메타포를 가진다.

> 하얗게 아프다가 불꽃처럼 흩어졌지만
> 다 열릴 때까지
> 하늘빛 말을 적어 보았다
>
> 그가 코 문을 밀고 들어왔다

방금 온 헌책에 붙어왔나 하다가
해넘이가 유리창을 달궜나 했다

화끈거리는 손목
하늘에 스민 바람을 불러낼까 보다

불길이 하늘을 끌어당겼다

허리 굽고 푸릇하고 비릿하다
울면서 와락 안긴 산안개 냄새

터진 구름 둘레로 서녘을
끌어안고 아랫물을 쏟았다

뜨겁게 앓았다

아뿔싸,
노을이 시를 낳는다

―「낳다」 전문

  언제나 들춰내는 작업은 시의 묘리이다. 「낳다」에서 "하늘빛 말을 적어 보았다" 이 표현은 기막힌 형상화이다. 불가능의 시각을 통해 촉각을 내면화하였다. '하늘빛 말'이라니, 누가 볼 수 있으며, 누가 들을 수 있는가. 아니, 누가 그 언어를

잡을 수 있는가. 「낳다」는 시작詩作에 있어 언어의 의미보다 무의미에 더 기운다. 시 쓰기는 즐거움보다 고통에 가깝다. 아무리 "화끈거리는 손목"의 통증이 오더라도, "하늘에 스민 바람을 불러"내야 시인이다. 시인은 천명의 소리를 듣는 자者이다. "불길"의 심장에 "바람"의 시어를 새겨 넣는 자이다. 밤낮 없이 시마詩魔에 들려 미쳐 있는 자가 시인이다. 시인은 존재의 심연을 찾아 몸부림치는 자이다. 하여, 시는 신성의 수직과 지상의 수평이 맞물린 곳에서 생겨난다. 모든 창조는 육체의 고통을 지나 정신의 황홀에서 끝난다. 필설로 다 할 수 없는 '은유의 신음'이 시다. 창작의 고뇌는 여성의 산고産苦에 비유된다. 기다리고 기다리고 또 기다려야, 한 생명(작품)이 탄생한다. 그 모든 지난至難한 시공을 지나야 "노을이 시를 낳는" 순간을 본다. 그때의 말은 서로가 서로에게 스며들어 아름다운 떨림과 울림을 낳는다. 그것이 상응Correspondence이다.

꽃의 실험

시 「꽃의 실험」은 이번 김정화의 시집 전반을 물고 있는 놀라운 소리 은유이자, 기호적 상징이다. 꽃을 보기 위해 '번호표'를 받은 시인의 직관은 청각적이다. 언어로 명명되는 순간 사물의 소리는 사라지고, 은유적 기호만 남는다. 언어가 언어를 끌고 가면서, 새로운 시적 주체가 된다. "5, 4, 3, 2, / 1, / 0.5 / 하얗게 덮어쓰고 앉은 침묵" 그렇다, 침묵의 언어를 숫자로 환유한 이 소리 은유는, 그 의미 자체가 시적 창조이다.

> 소리마디가 가득한 길턱에서
> 겨우 하나 받았다
>
> 5, 4, 3, 2,
> 1,
> 0.5
> 하얗게 덮어쓰고 앉은 침묵
>
> 아름다운 꿈길에 앉아 새가 오기를
> 기다리고 기다렸다
>
> 뽀글 파마 정거장에서 헤맸다
> 저마다 별로 가려고 몸을 싣고
> 지그시 눈 감고 별맞이 기차를 탄다
>
> 스치는 이 하루만을 본다
> 꽃을 여는 길
>
> 이곳이 그리운데 멀리 와 버렸다
> 뚜껑을 열자

사십 분짜리 꽃봄
하늘과 땅 사이, 꽃 덤불 핀다

―「꽃의 실험」 전문

  꽃은 봄의 실험체이다. "아름다운 꿈길에 앉"은 "새"는, 꽃의 은유인 여성이자 그녀가 꿈꾸는 자유다. 이 시는 미장원에서 "뽀글 파마"를 하며, 그녀만의 정체성을 찾아가는 노정을 그렸다. 인간은 "아름다운 꿈길에 앉아 새가 오기를" 저마다 몸을 싣고, '현실'이란 역을 통과해 '희망'의 종착역에 닿는다. 하여「꽃의 실험」은, 꽃의 이미지를 여성의 고단한 삶에 굴절시킨다. 여성은 어느 시대에나 '나'를 놓친 그림자에 비유된다. 하여, 김정화는 '꽃의 실험'을 통해, 실존의 주체성을 회복하길 간절히 소망한다. 은폐된 현실의 욕망을 실험을 빌려 하늘과 지상 사이에 드러낸다. 쉽게 피고 떨어지는 것이 꽃이듯, 여성 또한 그런 비극적 아름다움의 슬픈 자화상이다. 여성의 삶이야말로 꿈꾸는 거울 속 꽃인 셈이다. 물론, 이런 주체 혹은, 타자의 시선은 현대성의 불안에 기인한다. 시인은 불연속적이자 알레고리를 통해 언어의 추상을 파고든다. 행의 놀라운 비약과 낯선 시어는, 모호와 난해의 포즈이다. 그러나「꽃의 실험」에서 보여준 그녀의 시적 태도는 닫힌 언어가 아니라, 열린 서정의 세계에 이어 닿는다. 꽃의 상징을 통해 궁극적으로 여성성을 깨우친다. 한꺼번에 핀 "꽃 덤불"은 김정화의 따뜻한 시적 시선을 밝음 쪽으로 비춘다.

슬픈 우화羽化

언어는 시간을 무無의 세계로 허문다. 가상 세계보다는 현실 세계가 더 리얼한 이유이다. 고통을 견디고 체험한 언어야말로 진실하며 감동적이다. 이번 김정화의 시집 『꽃의 실험』 속에서 가장 놀라운 시는 「누에고치」에서 발견된다. 이 애절한 사부곡思父曲은 슬프고 아름답다. 자신만의 독특한 대화의 시법을 터득하고 있다. 대다수 그녀의 시편들이 그렇듯, 대상의 표면에 머물지 않고, 깊은 이면을 들추고 있다. 「누에고치」는 생사의 기로에 선 병상의 아버지를 시의 제재로 삼았다.

그래요, 아버지
그 실만은 끊지 말고 작은방에서 숨 쉬어요

골목을 돌아가다 담벼락 살피꽃밭에
올망졸망 달린 오디 보니
어릴 적 내가 뛰놀던 언덕집이 보여요

겨울이면 토끼랑 꿩도 잡던

흰 눈이 뒷산 솔가지에서 빛나고,
윗방보다 누에방이 더 크던 흙집에
오무락오무락 움찔대던 하얀 누에

나는 깨금발로 용쓰며 누에를 쳤지요
앓는 아버지 머리에 시퍼런 오디 물들고,
하늘처럼 살리는 뽕나무도 덧없어
저승사자처럼 지켜보네요

그사이 두고 내내 집 짓다 들어앉은
뽕잎 먹고 고치 치는 누에보다 더 부지런한
무명실 뱉어내는 아버지

깡마른 몸 누에고치 억지로 집어넣으려고
몸을 구부리고 쪼그라들려 하다가,

아버지가 병실에서 누에실을 짜요
멀뚱멀뚱한 눈망울이 뽕나무에 걸렸어요

—「누에고치」 전문

「누에고치」는 죽음을 건너가는 아버지의 은유가 깊은 울림으로 다가온다. 비밀스런 "작은방"에서 숨을 몰아쉬는 아비의 노쇠는, 애벌레에서 고치로, 고치에서 다시 나비로 부활하려는 우화羽化에 비견된다. 그렇다. 아버지의 세대는, 가족 들을 먹여 살리려고 누구보다 부지런히 무명실을 토해 내던 분들이었다. "깡마른 몸 누에고치 억지로 집어넣으려고" 연습 중인 "쪼그라"든 병든 아비의 묘사는 절박하면서도 통절하다. 빛나는 작품은 오랫동안 발효된 이미지의 중첩에서 나온다. 이 시는 추상을 넘어선 본질을 투사한 직관의 시다. 하여, 시 「누에고치」는 "명주실"을 뽑아내는 아버지의 부활을 통해 죽음을 극복한다. 어두움 속에서 '누에고치'가 느낄 삶에 대한 외로움은, 딸의 시선을 통해 승화된다. 체험의 시어야말로 시인의 현실을 눈부시게 한다. 좋은 서정시는 내면 깊이 파고 내려갈 때, 전혀 다른 시인의 목소리를 만나게 된다.

패러독스

행과 연은 어쩌면 「서랍」의 다른 이름인지도 모른다. '서랍'이야말로 "위층 아래층"의 층간 소음을 내포하는 환유이기 때문이다. 김정화의 시적 특징 중 하나인 '말의 재미'가 생겨나는 지점이다. 그녀에게 언어유희는 순수한 이미지로 대체된다. 과장하지 않는 그녀의 시적 포즈가 잘 드러난다. '말'은 말에 집중하며, '말'은 말을 물고 나와 '리듬'이 된다. 시 「서랍」역시, 말의 관계성과 인접성의 색다른 시도이다. 우연과 교차의 알레고리이자 패러독스이다. 그녀는 독백과 방백의 어조語調를 통해 대상과 대상을 휘게 한다. 층간 소음의 폐해를 어떻게 아름답게 극복할 수 있는지를 비약과 압축으로 승화시킨다.

> 위층 아래층이 소곤소곤 말을 해요
>
> 허리 잘록한 그 사람, 그만 떠나려 해요
>
> 붓꽃은 목도리에 저 혼자 피어요
>
> 접었다 폈다 그렇게 가요
>
> 함박눈에 갇힌 겨울 얼마나 기다렸다고요
>
> 물방울 반지는 까맣게 잊었나 봐요
>
> 위층 아래층, 그 사내가 쏟아져요
>
> 봄 벽장, 어지러워요
>
> 한들한들 유채꽃이 피려나 봐요
>
> 노랗게 물든다면, 다시 꿈꾼다는
>
> 그래요, 한바탕 또 휘몰아치려나 봐요
>
> ─「서랍」 전문

김정화에게 「서랍」은 닫힘과 불통의 공간이 아니라, 오히려 열림과 소통의 장소이다. "위층 아래층이 소곤소곤 말을" 서로에게 건네는 따스한 이웃이다. 이따금 "허리 잘록한 그 사람"들의 다툼의 장소지만, "붓꽃"이 "저 혼자 피"는 봄의 공간이기도 하다. 인생만사 "접었다 폈다 그렇게 가"는 거라고, '다투면 뭘 하느냐고?' 화자는 역설로 되묻는다. 알고 보면 「서랍」은 인간들의 몸의 은유이자, '화쟁和諍'을 촉발하는 곳이기도 하다. 이 시에선 주체의 서랍이자 타자의 서랍이다. "함박눈에 갇힌 겨울"은 갈등과 잠복의 시간이다. 언젠가 불어닥칠 "위층 아래층, 그 사내"들의 다툼의 장소이다. 그러나 시인은 놀랍게도 폭력 대신 "봄 벽장" 속에서 "한들한들 유채꽃"을 피운다. 이내 「서랍」속엔 풋풋한 말의 향기가 가득 퍼진다. 언젠간 "한바탕 또 휘몰아"칠진 몰라도, 화자는 끝까지 화해를 포기하지 않는다. 모든 것은 마음먹기에 달렸다. 현대 사회에서 서로가 서로에게 좋은 '꿈'이 되긴 어렵지만, 김정화는 「서랍」을 통해 '좋은 말은 봄꽃을 피우기 마련'임을 역설로 답한 셈이다.

사부곡思父曲

사부곡은 언제나 가슴을 저릿하게 한다. 서정시의 본령은 감동에 있다. 자연과 인간의 아름다운 소통과 교감이 중요하다.

이번 김정화의 시집 『꽃의 실험』 중에서 「구름 가족 관계 증명서」는 특이점에 놓인 시이다. 붙잡을 수 없는 것에 대한 연민이 애절하게 형상화되었다. 생로병사의 한恨이 짙은 허무와 결합해 놀라운 사부곡을 얻었다. 새로운 서정시의 한 원형을 낯선 시법으로 현대화하였다. '구름 가족 관계 증명서'는 '가족 관계 증명서'의 다른 비유이다. 붉은 줄로 그어진 아버지 "김상우 사망"은, 이별의 방식을 극대화한다. 어둠과 밝음, 삶과 죽음, 지상과 저승의 대비는 근대 서정시의 중요한 축이다.

    그 사람 하늘 구름에 알린 지 닷새가 되는 이른 아침

    나는 동사무소에 들렀다
    이 세상 남은 자국이 지워진 그 사람 빨간 수평선
    김상우 사망

    내 가족 관계 증명서에 두 글씨가 끼여들었다
    이 세상 모든 강줄기만큼 멀어진 사이

    그렇게도 일찍, 그 사람을 찍어내고 싶었을까, 이 땅은
    그 먼 곳 바람 호적에 그렇게도 빨리 올려주고 싶을까

    그 사람 하늘에 알린 지 닷새가 되는 이른 아침에
                        —「구름 가족 관계 증명서」 전문

「구름 가족 관계 증명서」는, 서정시의 모범 답안이다. 아버지의 사망신고를 "하늘 구름에 알린 지 닷새가 되는 이른 아침"이라고 썼다. 첫 행의 묘사력은 정말 놀랍다. 두 줄로 빨간 볼펜으로 그어진 '사망자'의 이름을, "빨간 수평선"으로 은유한 점은 신선하다. "이 세상 모든 강줄기만큼 멀어진 사이"는 이승과 저승의 거리이다. 지상은 언제나 죽은 자를 지우기 위해 바쁘다. "닷새" 안에 모든 것의 흔적이 감쪽같이 사라지는 것이 삶이다. 언제나 근대의 서정은 느림과 어두움의 시학에 기대었다. 육친과 향토적 서정에 집착한다. 하여, 시적 소재와 주제는 익숙하고 편한 것에서 찾는다. 「구름 가족 관계 증명서」는 시제詩題의 현실성이 적확하다. '구름'과 가족이 되어버린 '아버지'의 죽음에 대한 허무 의식은 명료하다. 「구름 가족 관계 증명서」는 오늘날 서정시의 한 모델이 된다. 고독사와 외로움, 사회적 병리 현상, 소박하고 소소한 일상에서, 경이로운 이미지를 재발견케 한다. 그리고 시작詩作에 있어 시의 제목이 얼마나 중요한지를 보여준다. 시에서 현실의 실종이야말로, 내용 없는 형식만 남게 되며, 그 형식은 공허한 메아리가 된다. 우리가 김정화의 「구름 가족 관계 증명서」에서 주목할 점은, 자연이야말로 인간 사후의 또 다른 가족임을 증거 한다.

에필로그

 문학에 있어 비평과 감상은 작가마다 다양한 해답이 존재한다. 시인의 삶과 시를 함께 다룬 비평은 오래된 관점이다. 어떤 평자는 작품 하나만을 깊이 파고들기도 한다. 어떤 방식으로 평가의 잣대를 대든, 그것은 각자의 몫이다. 예술은, 문학은, 특히 시는 칼로 물 베듯 단순하지 않다. 작품 이해의 폭은 학습자의 교양적 수준과 전문적 지식에 따라 천차만별이다. 방식이야 어떻든, 작품 속에서 시인이 전달하고자 하는 의미를, 자신만의 방식으로 새롭게 읽어내는 작업은, 비평 학습의 즐거움이 된다.

 이번 김정화의 시집 『꽃의 실험』은, 오랫동안 시어를 다듬은 흔적이 역력하다. 위에서도 다루었지만, 수작 「누에고치」는 생사의 기로에 선 병상의 아버지를, 시 속에서 온전히 장악하였다. 죽음을 건너가는 아버지의 은유를 밀도 높게 형상화하였다. 시 「지하철」은 '휠체어'를 타고 전동칸으로 들어오는 장애인에 대한 따스한 시선을 확보하였다. 군중의 은유를 '개나리' '매화'로 처리한 시법은 주목할 만하다. 궁극적으로 이 시는 장애인에 대한 사회적 윤리 인식의 격상을 보여준다. 무엇보다 '휠체어'를 바라보다 길을 잃은 시적 화자의 시선 처리는, 동시대인에게 방황의 방향 혹은, 어떤 '질문'을 던지고 있다. 특히, 사회의 낙태 문제를 개인의 윤리 의식과 접목

한 「그 애가 온」은, 환유의 묘미가 돋보인다. "왼쪽 길로 가는데 오른쪽 길로 따라가"고 있는 행위는 반어이다. "이쪽 벽"과 "저쪽 벽"의 거리만큼, 낙태 인식은 모호하다. 어쩌면 시 속의 화자와 현실의 '나'의 중의적 트라우마는, 이 시를 이해하는 또 다른 가늠자가 된다. '엄마'를 엄마라고 부르지도 못한 유산된 배 속 아기의 환영은 아프다. 낙태에 대한 시인의 깊은 사유가 "소름 돋"듯 생생하다. 「그릇에 멈춘」은, 우선 첫 행에서 뛰어난 묘사력이 시선을 사로잡는다. "구름은 하루한테 붙잡힌다"는 촉각의 놀라운 형상화이다. "책장에는 꿈이 숨죽"인 과거만 득실거리는 그 집에 대한 기억은 "그릇"으로 옮겨간다. 정상과 비정상의 화법은 "칸칸마다 사라진 아이들 생각이 자"란 그 집에서 촉발한다. 아무도 화분 속에 멈춘 화자의 비틀린 기억의 방식을 이해하지 못한다. 가족은 어쩌면 가장 비시적인 공간일지도 모른다. 어색한 현재와 낯선 과거가 동침하는 그 집이야말로, 가정의 역설적 비유다.

이번 김정화의 시집 『꽃의 실험』에서 가장 해학적인 작품으론 「나도 간다」를 빼놓을 수가 없다.

> 작은딸은 늦은 밤 비행기 탄다고 한다
> 너만 가냐 나도 간다

내가 그토록 꿈꾸던 일,
나는 책으로 이탈리아 피렌체로 간다
모레는 베네치아에 간다
글피는 나폴리에 간다

작은딸은 필리핀으로 날아갔지만
나는 하롱베이도 가고
네팔 스와얌부나트에도 간다

너만 갔다 왔냐 나도 갔다 왔다
나는 또 프라하와 비단길을 걷고
지중해도 헤엄치리라

이 나라를 발로 넘어 본 일이 없으나
밤마다 저 먼 나라를 그린다
잔뜩잔뜩 읽는 책으로,

밤 비행기로 떠나간 딸애보다
피렌체에 더 일찍 닿겠지
괴테 무덤도 가고
단테를 기리는 돌 앞에서 찰칵 박아야지
너만 가냐.

—「나도 간다」 전문

시「나도 간다」는 틈만 나면, 이탈리아로, 체코로, 독일로, 필리핀으로 자유롭게 여행을 떠나는 '작은딸'에 대한 엄마의 시샘을 멋지게 포착하였다. 역설과 해학은 능청스럽다. 딸처럼 살지 못하는 '엄마'의 넋두리는, 이 시대 엄마들의 비가悲歌이다. 지도 속에서 "피렌체로", "베네치아"로, "하롱베이"로 가짜 여행만 하는 엄마의 현실은 슬프다. 마지막 행 "너만 가냐."에서 보듯, 시「나도 간다」는 가족 속에서 '엄마란 여자'의 숙명을 적나라하게 보여준다.

　이처럼 김정화의 서정의 무늬는 다채롭다. 그녀의 서정시는 개울가에서 동무들과 보름달을 쳐다볼 때 가장 순수하다. 마을 앞 물 흐르는 소리를 배경으로, 아침에 눈을 뜨는 소녀 김정화는 청순하다. 그녀는 숲속을 거닐며 뻐꾸기 소리를 듣기도 하고, 고향 옛집 마당에서, 문득 하늘로 간 아버지를 떠올리기도 한다. 그녀의 집 너머엔 우물이 보이고, 그 너머 텃밭엔 가지, 고추, 상추가 수북이 자란다. 가을이면 뒷산 감나무에 홍시가 주렁주렁 열려 그림 같다. 그녀에게 지붕 위 하얗게 핀 박꽃은, 부모 형제와 정이 깃든 그리움의 공간이다. 가난한 가운데 문학소녀의 아름다운 꿈을 상상한 장소이다. 결국, 고향을 뛰쳐나가 도시 아가씨가 되어서야 시에 입문하게 된다. 까닭 모를 향수병에 시달리기도 하고, 결혼 후 답답

증이 도질 땐, 명산을 남편과 함께 주유하기도 한다. 지금까지 시집 『꽃의 실험』에서 김정화가 보여준 시 세계는 '서정을 통한 내면 찾기'로 규정된다. 그곳에는 '전통과 현대 사이', '은유와 환유 사이', '역설과 해학 사이'로 난, 모호한 시의 길이 존재한다. 미처 다 열어보지 못한 그녀 시의 판도라 상자는, 훗날 찾아올 두 번째 시집에서 기대해도 좋으리라. 실로 그의 서정 세계는 단순한 어둠이나 비유가 아니라, 오늘날 서정시가 나아가야 할 중요한 지점을 찔렀다.

김정화 시집
꽃의 실험
© 김정화, 2022

초판 1쇄 발행 2022년 7월 25일

지은이 김정화
펴낸이 이은재
펴낸곳 도서출판 그루

출판등록 1983. 3. 26(제1-61호)
42452 대구광역시 남구 큰골 3길 30
TEL 053-253-7872 / FAX 053-257-7884
E-mail / guroo@guroo.co.kr

값 10,000원
ISBN 978-89-8069-471-6

*이 책의 판권은 지은이와 도서출판 그루에 있습니다.
 양측의 서면 동의 없는 무단 전재 및 복제를 금합니다.